TRÈS-RESPECTUEUSES REPRÉSENTATIONS

adressées

AUX AUTORITÉS

DE L'ORDRE JUDICIAIRE

PAR

L.-A. MAURIN

Arbitre conciliateur près le Tribunal de commerce et près le Tribunal
civil de Nantes

NANTES

IMPRIMERIE NOUVELLE DE H. BELLINGER ET FILS
8, rue Santeuil, 8.

—

1877

Très - respectueuses représentations

ADRESSÉES

AUX AUTORITÉS

DE L'ORDRE JUDICIAIRE

Dans notre « *Conseiller du Plaideur* », nous avons esquissé les dangers de la procédure pratique ; nous avons montré comment le rufian de la chicane peut violer effrontément et impunément la loi, se faire de l'obscurité de la loi une arme redoutable contre l'homme paisible et dépouvu de l'expérience des affaires judiciaires ; comment il use et abuse de la passivité, de l'effacement complet imposé au juge qui n'intervient en réalité qu'à la fin de la procédure et des débats, pour résumer le drame qui s'est déroulé, constater une défaite, ou, contre son intention sans doute, fournir dans son jugement la matière d'un procès en appel ; nous avons trouvé que la dotation ou apanage de très-haute et très-puissante dame Justice, s'élève annuellement, pour la seule ville de Nantes à plus de deux millions, et pour la France à un milliard deux cents millions, ce qui est plus écrasant qu'une invasion prussienne revenant périodiquement tous les cinq ans ; nous avons enfin indiqué quelques moyens d'arrêter la marche toujours plus mena-

çante, plus envahissante du fléau, mais nous nous propo-
sions de revenir sur ces moyens pour les dévolopper et les
faire passer en pratique : telle est la tâche difficile que nous
nous imposons aujourd'hui avec un courage décidé et une
confiance entière.

Ah ! certes, nous ne nous dissimulons pas les difficultés
qui nous attendent à la suite de celles qu'on ne cesse de
nous créer depuis déjà bien des années, mais surtout depuis
que nous crions plus haut : guerre aux procès ! Nous
croyons connaître aussi bien que personne l'audace voilée,
les ressources sans nombre de nos adversaires, et nous ne
pouvons nous défendre d'une certaine crainte devant leur
puissance sans égale, quand nous nous rappelons que
Louis XII disait souvent que ses prédécesseurs, en créant
les suppôts du palais, avaient préparé la ruine de l'empire ;
quand nous nous rappelons que plusieurs monarques, aidés
de Colbert, L'Hôpital, Sully, et autres amis de la justice,
n'ont jamais pu triompher de ces fiers dominateurs ; quand
nous les voyons, interprètes de la loi, faire plier et asservir
la loi, compliquer et embrouiller la procédure, embarrasser
le juge, mettre sa sagesse en défaut, désoler les justiciables
au nom de la justice ; et quand nous savons, par observation
et par expérience, que personne, et nous moins que personne, nous ne pouvons être exempts de ces persécutions
légales dans lesquelles le persécuteur a toute facilité d'engager le procès le plus insensé, le plus malhonnête, de
l'assoupir ou de le défigurer pour voiler un forfait, de le
traîner ou de le précipiter selon qu'il veut lasser son adversaire ou le surprendre par un guet-apens ; mais qu'avons-
nous à craindre pour répéter ce que tout le monde dit, pour
nous élever contre des abus que tout le monde connaît,
contre lesquels tout le monde proteste, parce qu'en effet
ils sont une menace permanente à l'adresse du faible, de
l'opprimé, de la veuve et des enfants de la veuve, une menace
qui paralyse le courage de l'honnête homme momentané-

ment gêné dans ses affaires, et qui achève sa ruine par anticipation.

Nous accusera-t-on de calomnier, de vouer au mépris, à la réprobation publique, l'homme de loi, la corporation des avocats, avoués, huissiers? Oh! c'est nous qui serions calomnié; car nous avons déclaré déjà et nous déclarons de nouveau, que nous respectons sans peine et sans réserve, la magistrature, le barreau et leur cortège. Oui, ils sont le premier fondement de la société, qui ne pourrait exister sans eux : c'est-à-dire qu'il représentent la justice, l'autorité, l'ordre, la sécurité, la paix ; mais quand ces saintes choses sont compromises, foulées aux pieds par quelques membres gangrenés dévoués à la chicane, sera-t-il donc défendu d'élever la voix? Faudra-t-il trembler devant eux comme des moutons devant un état-major de loups affamés ? Sera-ce un crime pour les justiciables de faire de respectueuses représentations à l'autorité judiciaire? Tel est le point de vue auquel nous nous plaçons en ce moment. Nous ne nous faisons d'ailleurs que l'écho, le rapporteur du public anxieux devant le nombre toujours croissant des hommes d'affaires et des procès, du public qui désire et demande d'importantes réformes dans l'expédition des affaires judiciaires.

Or, le nombre des procès augmente au moins dans la proportion du nombre des procéduriers : plus ceux-ci se multiplient, plus les engins se perfectionnent, plus il y a de victimes ; bientôt les relations deviennent plus laborieuses et moins sûres : la défiance toujours armée, la crainte qui stimule la convoitise en fuyant, et l'audace des empiétements, sont autant d'auxiliaires de la chicane, cette ennemie née de la vraie justice et de la société.

Il est constaté qu'à Paris, avant le nouveau code, alors que le nombre des avoués s'élevait à deux cent soixante-deux, celui des procès atteignait neuf mille ; mais quand il n'y a plus eu que cent cinquante avoués, les procès en dépassaient guère **quatre mille** : c'est du moins ce que l'on écrivait en 1813, mais depuis le progrès a marché !

Nous pouvons appliquer la même statistique aux avocats et aux huissiers, et conclure que le nombre des « hommes d'affaires » ne s'élève jamais que pour le malheur des justiciables. Il y a à **Nantes**, certes plus de deux cents avocats ; greffiers, avoués, **experts**, arbitres, huissiers, clercs, commis, secrétaires : c'est bien plus de vingt fois trop !

O gratuité de la justice, qui coûte tant de milliards, qui nous vaut tant de ruines, et qui fait couler tant de larmes ! O gratuité des écoles de droit où l'on forme, à nos frais, de nouvelles recrues, pour grossir les bataillons de déjà trop puissante dame chicane !...

D'honorables magistrats nous ont dit : il y a là de quoi réfléchir et s'attrister, mais nous n'y pouvons rien et le gouvernement non plus. Pardon ! le gouvernement peut et veut réprimer tous les désordres publics, il cherche à les connaître, il appelle chaque citoyen et l'opinion publique à les dévoiler, à les poursuivre, pour rendre ainsi son action plus facile et plus efficace : c'est à cet appel que nous nous proposons ici de répondre.

Nous avons dit que plus il y a de procéduriers, plus il faut de procès pour les faire vivre, et nous comprenons que si leur nombre était réduit de dix-neuf vingtièmes, il y aurait au moins dix-neuf fois moins de procès. Il y a donc, outre les procès naturels qui sont ceux que se font les particuliers, des procès artificiels en nombre incomparablement plus grand, qui sont l'œuvre de la chicane, ce poulpe géant aux mille tentacules. Qu'il y ait des avoués et des avocats tant qu'on voudra, mais, du moins, que la justice légale et les justiciables ne soient pas livrés aux étreintes du monstre. Nous allons voir comment on peut les défendre. Nous appelons ici toute l'attention des magistrats en général si honorables, si zélés, si désireux d'améliorations à introduire dans la procédure pratique. Nous venons à eux avec respect et confiance, leur donner des indications propres à faire atteindre ce but. Mais il est utile d'exposer d'abord les manœuvres irrégulières à l'usage des procéduriers.

Nous voici témoins, je suppose, d'un procès engagé et conduit comme il y'en a beaucoup trop. Le demandeur est sans droit, et l'« avoué poursuivant » porte un dossier absolument vide de documents : la chemise ne contient que l'assignation qui expose la demande en termes très-vagues : c'est la première tactique du chicaneur qui pourra modifier cette demande vingt fois au cours d'un procès, suivant les besoins de la cause ! Admettons au contraire que le dossier soit bien pansu ; mais si les papiers qui le composent sont sans liaison, s'ils ne portent aucune trace de convention, ni de reconnaissance, ils ne font point preuve. L'avoué, vieux renard, le sait bien, mais à sa façon d'exhiber cette liasse, œuvre de contrebande, qu'il caresse du regard, il se donne un air assuré qui veut se recommander à la confiance du Tribunal. Ici se présente tout naturellement une réflexion : si les juges, qui semblent condamnés à n'ouvrir le dossier qu'à la fin du procès, y mettaient tout d'abord la main et en constataient le vide ou la fraude, le procès s'arrêterait là. D'un autre côté, si l'avoué du défendeur disait à son adversaire : « communiquez-moi vos pièces : mais cette correspondance, ces mémoires, ces notes informes ne prouvent rien, ne disent rien, je vais demander condamnation » ; ici encore la lutte cesserait aussitôt, et c'est bien là ce qu'exige la bonne justice et l'intérêt du défendeur persécuté qui se recommande au Tribunal et a son mandataire légal ; mais le Tribunal, subissant une espèce d'empiétement consacré par un long usage, a à compter avec les hommes d'affaires qui, dans leur intérêt, veulent sauver l'intérêt de la corporation avant celui du client ; et d'ailleurs ils ne sont pas assez cruels pour étouffer un procès au berceau !

Les deux plaideurs arrivent à l'audience avec des papiers

quelconques, qu'ils ne se sont pas communiqués, qu'ils connaissent peu, qu'ils n'ont peut-être pas lus ! Excellent moyen vraiment de ne pas se comprendre en plaidant, et par conséquent, de n'être pas compris du Tribunal, qui renvoie les parties devant un expert-arbitre comme appréciateur des faits et des conventions : c'était prévu et voulu. Quel expédient ! L'expert-arbitre n'est ni expert, parce qu'il n'a rien à expertiser, ni arbitre, parce qu'il n'est pas consenti par les parties ; ni juge-rapporteur, parce qu'il n'est pas membre du Tribunal ; ni mandataire possible des dites parties, parce qu'elles ont des intérêts opposés , et cependant on lui fait remplir à la fois tous ces rôles incompatibles ; et comme la question de droit et la question de fait se confondent nécessairement entre ses mains, il en sacrifie toujours une à l'autre, et son procès-verbal apporte de nouvelles complications dans le procès. L'instance est reprise, et, après bien des renvois, après bien des mois écoulés, les plaideurs se préparent à revenir devant le Tribunal. Mais s'ils « se sont passé leurs dossiers », ils les ont abandonnés, oubliés ; ils les attendent quelquefois une heure avant l'audience, et ordinairement ils ne peuvent ni retrouver toutes les pièces, ni les classer. Les secondes plaidoiries ne valent pas mieux que les premières, les juges ne sont pas mieux renseignés, ils ouvrent pour la première fois (!) les dossiers, ils libellent leur jugement et ce jugement est frappé d'appel : les plaidants ne s'en plaignent point ! Ils attendent la notification de l'appel pour demander aussitôt un premier règlement à leurs clients. La demande est de deux cent cinquante francs, mais les frais depuis dix-huit mois, deux ans, s'élèvent à mille, seize cents francs...., et il faut y ajouter les honoraires des avocats qui réclameront ce qu'ils voudront ; il n'y a ici ni loi ni règlement pour protéger le justiciable. Dans le cas présent, ils exigeront peut être cent cinquante francs chacun, mais quand la demande atteint un chiffre un peu élevé, on voit des reçus d'avocat de mille francs, quinze cents francs..... On comprend, dès lors, qu'il est souvent préférable de renoncer à l'exercice d'un droit légitime contre un débiteur douteux et malhonnête, qui connaît souvent aussi toutes les raisons de craindre du créancier : et ainsi la justice est doublement trahie.

D'autre part, un demandeur habile, qui veut prolonger un mauvais procès pour arracher quelque chose à son adversaire et à la justice, sait donner le change au Tribunal en faisant marcher de front, en comparant et en faisant croiser, pour les embrouiller, la discussion de la demande et celle de la défense, ou mieux en appelant toute la discussion sur les moyens du défendeur dont le dossier devrait, en toute justice, rester fermé tant que les preuves du demandeur ne sont pas sérieusement établies. Insistons sur ce point si important et disons : discuter concuremment les preuves de la demande et celles de la défense, ou intervertir l'ordre de discussion, c'est une injure au bon sens et une iniquité complète, c'est absolument comme si les deux avocats plaidaient ensemble, pour plus de clarté, ou si l'avocat du défendeur plaidait le premier ! La loi et la plus vulgaire équité l'entendent autrement : elles veulent que les preuves du demandeur soient précises et complètes avant que le défendeur *puisse être admis* à administrer ses preuves en excep tion. Nous disons puisse être admis, parce qu'en effet il y a devoir pour le tribunal de le protéger contre sa précipitation et son inexpérience, et de l'empêcher de venir sottement armer un adversaire sans droit et de mauvaise foi.

Dans tous les procès, les conclusions accusent un grand nombre de ces habiletés et de ces maladresses, qui confondent tout et déchirent la loi, pour que le jugement n'arrive pas à sa perfection. Il y a bien d'autres abus à relever dans les conclusions, mais nous les retrouvons en grande partie dans les plaidoieries dont nous allons maintenant dire quelques mots.

On parle beaucoup trop à l'audience, au préjudice de la

clarté, de la vérité, de la justice : on parle trop, parce qu'on ne connaît pas assez la cause dont on s'est chargé, on la tourne, on la retourne, on revient souvent sur ce qu'on a dit, on tatonne, on étudie en plaidant ; on parle trop, parce qu'on veut déborder, noyer son adversaire, éviter de lui répondre, distraire le tribunal, porter son attention sur des questions ou des faits secondaires ; on appuie une audacieuse affirmation par une affirmation plus audacieuse encore, on voile des contrevérités par d'autres contrevérités ; on se lance dans les conjectures, on fait des suppositions, des insinuations perfides, et si l'on ne sait pas s'élever bien haut dans les questions de droit, on sait du moins, dans les questions de fait, descendre parfois jusqu'aux plus basses injures, jusqu'aux allusions les plus habilement envenimées ; on élève la voix devant un public ébahi, on fait de grands gestes et du sentiment à propos d'un mur ou d'une facture ! A la fin, les juges, plus assourdis, fatigués, agacés, qu'instruits, *se dérobent* au plus tôt pour aller respirer l'air libre et se délasser. Se disposent-ils à rendre leur jugement, il leur faut attendre plusieurs jours et plusieurs semaines des dossiers qui se traînent et arrivent quelquefois incomplets ! Oh ! que de réflexions se pressent ici sous notre plume !

MAGISTRATS ! c'est sur vous que repose l'ordre social ! Nous devons tous vous respecter et vous honorer ; mais entendez notre supplique, réagissez contre ces abus, ressaisissez toute votre autorité, défendez énergiquement la justice légale et nos droits, nous périssons !!! Les abus dont nous nous plaignons et que vous connaissez mieux que personne, rendent l'application de la loi trop vicieuse par bien des côtés, et souvent impossible.

Ainsi, n'est-il pas constaté que dans les questions de fait, qui sont de beaucoup les plus nombreuses, les plaideurs négligent, refusent journellement d'administrer les preuves légales, qui mettraient immédiatement fin à la lutte, pour leur substituer des preuves de raison qui alimentent les procès dans ces discussions qu'on sait prolonger indéfiniment, en n'y gardant ni règle ni mesure.

La loi reconnaît cinq espèces de preuves : la preuve littérale, la preuve testimoniale, les présomptions, l'aveu de la partie et le serment ; et elle donne des règles applicables à ces cinq espèces de preuves. Tout jugement qui n'a pas ses motifs dans des textes de loi exactement visés et s'appliquant exactement à la cause, est un jugement contraire à la loi, un jugement entaché d'erreur. Mais, dit-on, il faut quelquefois passer à côté de la loi pour juger en équité : c'est là précisément une iniquité, une absurdité qu'il nous serait facile de démontrer ; c'est s'élever contre tous les docteurs de la loi, fouler la loi aux pieds, pour protéger ce système condamné des discussions sans fin, qui nous vaut tant de jugements frappés d'appel, tant de ruines accumulées, tant de procès éternisés et interminables.

Que n'aurions-nous pas à dire si nous reportions notre étude sur ces requêtes afin de saisir, ou afin d'assigner à bref délai, sans préliminaire de conciliation ! « A bref délai et sans préliminaire de conciliation », voilà bien ordinairement le principal et quelquefois l'unique motif de la requête qui viole de la sorte, avec une insolence qui n'est pas assez remarquée, l'art. 48, Pr. civ., requête qui porte... toute prête (!!) l'ordonnance du magistrat, dont on assimile ainsi la main à un cachet de greffe ou de mairie ! du magistrat dont la signature, propriété commune des avoués à l'usage de chacun d'eux, devient, entre les mains du requérant, un instrument dé menace, de persécution, de piraterie, souvent au profit d'un homme sans droit, au profit du premier truand venu, masque et plastron commodes contre le pauvre défendeur, sur lequel on dirige impunément ses coups, pendant des mois et des années, jusqu'à la ruine partielle ou complète de son crédit, et, s'il est possible, jusqu'à sa mise en liquidation. Se peut-il trouver un moyen plus criminel d'alimenter les études des maîtres en chicane ? Mais ces requêtes, qui méritent d'être marquées au fer rouge, seront, pour cette raison, l'objet d'une autre étude, avec l'expertise et les liquidations judiciaires.

Essayons maintenant d'indiquer les moyens propres à assurer l'application de la loi, dans son esprit et dans sa lettre, pour combattre les abus que nous signalons, abus qui menacent de plus en plus la paix et la sécurité de chacun dans l'exercice et dans la défense de ses droits.

I. Tout dossier sera d'abord déposé au greffe du tribunal de commerce ou du tribunal civil, en échange d'un bordereau détaillé qui aura été transcrit sur un registre *ad hoc*. Un juge rapporteur entendra les parties, les conciliera, si faire se peut, et, à défaut de conciliation, fera au tribunal un exposé écrit qui sera comme l'étude préliminaire, le procès-verbal de constat, le *ne varientur* des moyens invoqués par le demandeur et le défendeur ; après quoi, les dossiers seront à la disposition des avoués et des avocats, qui les rapporteront au greffe pour le libellé du jugement ; et lorsque le jugement aura été prononcé, le greffier restituera les dossiers aux parties elles-mêmes, qui lui rendront leurs bordereaux pour sa décharge.

Le tribunal pourra ainsi éteindre un grand nombre de procès naissants (environ... 91 sur 100 !), suivre et contrôler *ab ovo* la procédure du mandataire légal, apprécier ses procédés et assurer le retour du dossier complet entre les mains du client.

Il arrive quelquefois que la communication des pièces dure aussi longtemps que le procès. On commence par communiquer les plus propres à alimenter la discussion par leur obscurité et leur insuffisance, et l'on vient, à la fin de la procédure, produire la pièce qui aurait d'abord coupé court au procès. Le dépôt des dossiers au greffe et l'étude préliminaire du juge rapporteur rendront ces tactiques déloyales désormais impossibles ; et la restitution des dossiers aux parties elles-mêmes, les protégera contre cette négligence un peu calculée de certains hommes d'affaires, qui laissent traîner indéfiniment, dans leurs études, des papiers parfois précieux qui finissent par se perdre, mais qui, en attendant, restent là comme des pierres d'attente d'une nouvelle procédure à édifier, s'il y a lieu.

II. L'assignation **exposera** la demande ou chaque chef de demande d'une façon claire et complète ; cet exposé devra cadrer exactement avec les pièces versées au dossier, ou avec tout autre moyen de preuve qui sera aussi énoncé dans l'assignation.

C'est bien ainsi que l'entendent la loi, l'équité et le vulgaire bon sens ; et rien ne nous paraît plus choquant pour le juge intelligent et intègre, que ces demandes vagues qui cherchent un point d'appui dans les embarras qu'elles suscitent à la défense par leur forme insaisissable. Un homme que je n'ai jamais connu se porte mon créancier de 5,000 fr. ; il n'a aucune preuve, et c'est précisément cette absence de preuve que je lui oppose : exiger plus de moi, c'est être absurde et violent. Toute assignation donc qui n'énonce aucune preuve, ou qui énonce une preuve obscure ou incomplète, doit être mise à néant, sans préjudice pour le demandeur contre le procédurier. Le magistrat ne peut pas suppléer au défaut de preuve, et il ne saurait sacrifier son temps et sa dignité à chercher le sens, souvent contestable, d'une demande entortillée par défaut de soin ou par esprit de chicane. Toute affirmation aventurée, exagérée, donnera lieu à des peines disciplinaires.

III. Les conclusions préciseront, simplifieront encore, s'il est possible, la demande, distingueront les questions de droit, les questions de fait et indiqueront les textes de loi auxquels ces questions se rapportent. Il sera fait réponse à toute question légitimement posée dans les conclusions de l'adversaire. Tout ce qui ne sera pas explication se rapportant sans difficulté à la demande ou à la défense, c'est-à-dire toute affirmation, insinuation tendant à dénaturer les faits, à déplacer les questions, à donner ainsi le change aux juges, pour embarrasser la discussion, provoquera un rappel à l'ordre et des mesures répressives.

IV. Les tribunaux de commerce exigeront des conclusions des avocats et des avoués qui plaident devant eux : ces conclusions, évidemment, compléteront les dossiers, et, en cas d'appel, elles pourront être du plus grand intérêt pour les parties.

V. La procédure devra présenter, pour le jugement à intervenir, une ligne de démarcation sensible entre les moyens de la demande et ceux de la défense, pour ne pas les confondre. Tant que la demande n'est pas parfaitement appuyée de sa *preuve légale*, le défendeur doit rester muet et tenir son dossier fermé : il ne demande rien, il n'a rien à prouver. C'est donc pour lui un acte de bon sens et de justice que de résister énergiquement, de protester bien haut contre toute tendance à discuter ses moyens de défense, avant que la demande ait été discutée à fond et réduite à sa plus *simple expression légale*.

Il faut que la procédure pratique ait bien obscurci les premières notions de droit, pour qu'il soit besoin aujourd'hui de se porter à la défense de vérités si accessibles à toutes les intelligences ; et nous craindrions d'exagérer, si nous ne voyions tous les jours des procès dans lesquels le demandeur, à défaut de base et de droit, pille sans vergogne les moyens de la défense pour y trouver matière à d'éternelles discussions.

VI. Lés plaidoiries développeront sans doute les conclusions, elles tâcheront d'expliquer, de mettre en lumière les droits du demandeur et du défendeur, mais au lieu de sortir jamais des conclusions et des termes de la demande, elle devront au contraire s'y rapporter toujours aussi étroitement qu'on pourra l'exiger de la bonne foi et de l'intelligence des plaidants : en sorte que le Tribunal en les entendant plaider puisse saisir facilement ce rapport.

C'est dans cette liaison, dans cette convergence des parties de la procédure et de la discussion vers la preuve légale, que le juge cherche la lumière et une direction, c'est du moins là uniquement qu'il doit les chercher ; car c'est bien incontestablement à la preuve légale, à l'autorité de la loi, et non à l'autorité de la raison individuelle qu'il doit demander les motifs du jugement à intervenir.

Personne ne contestera que les avocats, avoués, huissiers, vivent de procès, et plus de procès qui se compliquent et s'éternisent que de procès qui se s'implifient et s'éteignent. Or, on complique un procès, on l'éternise en violant la loi et l'équité, c'est-à-dire en ne tenant aucun compte de la preuve légale, en faisant arme de toute pièce, en délayant démesurément la procédure et les plaidoiries, en apportant à la fin, non des convictions mais des impressions au Tribunal, qui alors donne toujours raison au plus habile des deux plaideurs, ou qui se voit obligé de recourir à des experts (!) pour instruire le procès à nouveau ! Et ces experts, singuliers juges, qui n'entendent rien à leur besogne, sont disposés moins à faire de la conciliation que de la discussion et un long rapport.

On simplifierait, au contraire, le procès et l'on arriverait souvent à concilier les parties, à déjouer les manœuvres de la chicane, en supprimant absolument ces expertises fort illégales, en réglant les plaidoiries et la procédure, en appliquant plus scrupuleusement *la loi*, c'est-à-dire, en faisant briller aux yeux des clients l'évidence de la *preuve légale*, au lieu de voiler cette preuve et de la soustraire à l'investigation du Tribunal, dans une procédure tortueuse.

VII. Les avoués concluront dans les délais impartis par la loi.

Il est vraiment bien étonnant qu'il en soit autrement, et que ces messieurs se permettent de conclure quand bon leur semble, six mois, un an après lesdits délais. Tout retard justifié, ainsi que toute demande de renvoi pour plaider, seront motivés sur un registre au greffe : les motifs se tireront principalement de l'intérêt des parties, et plus de l'intérêt du défendeur que du demandeur.

Si le tribunal refusait de juger, ou s'il tardait volontairement plusieurs semaines pour rendre son jugement, il y aurait déni de justice : de quel nom appellerons-nous donc ces retards calculés d'un an, deux ans,... imposés au tribunal par les hommes d'affaires, au préjudice d'un client dont on ruine ainsi peu à peu les droits, ou qui aurait moins souffert d'une condamnation immédiate que d'un procès gagné après tant de lenteurs ?

VIII. En cas de retard justifié dans la notification des conclusions, on ne laissera pas moins au défendeur le temps de préparer sa défense et le droit d'avoir le dernier mot : il est défendeur il faut donc lui permettre de se retourner et de répondre à l'attaque.

Se peut-il concevoir quelque chose de plus malhonnête que la notification à l'audience même de conclusions appuyées d'aucunes pièces, ou de pièces non communiquées qu'on soustrait ainsi à l'examen de la partie adverse jusqu'au jugement à intervenir ! Voilà pourtant ce qui se pratique, quelquefois du moins.

IX. Le demandeur ne sera jamais admis à étendre ou à modifier sa demande par de nouvelles conclusions.

Comprend-on qu'on puisse engager un procès sans savoir au juste ce qu'on a à demander? Cette procédure de tâtonnements doit être repoussée sans pitié, parce que c'est toujours un moyen, sinon intentionnellement, du moins matériellement malhonnête de compliquer la procédure au profit du demandeur. Délayer la demande, c'est une tyrannie, une infamie contre le défendeur, parce que c'est le moyen le plus propre à affaiblir, à ruiner parfois ses légitimes moyens de défense. Il faut réduire la demande à sa plus simple expression *légale*, comme nous l'avons déjà dit.

X. A la fin du procès, le greffier dressera, sur un registre, un état détaillé des frais, et y portera les honoraires des plaidants; il remettra à chaque partie, avec ses autres papiers, une copie de cet état, et chaque copie portera la taxe du juge.

L'une des parties saura ainsi ce qu'elle aura à réclamer et l'autre ce qu'elle aura à payer; et elles seront, par là, protégées contre tout abus possible dans le règlement des frais et des honoraires.

Aujourd'hui, « un homme d'affaires » signe à son client un reçu de cinq cents francs, mille francs,... sans donner aucun détail, et, en le remettant, il dit : « Voici, vous viendrez un autre jour, je vais chercher vos papiers. » Le client est ici fort gêné : les mesures ci-dessus, à prendre par la voie du greffe, lui éviteront cette gêne.

XI. Le mandataire légal qui engage un procès à la requête d'un client insolvable, pour abandonner ensuite cette poursuite témérairement engagée, sera responsable des frais qu'il a faits ou nécessités, au lieu de laisser peser cette charge sur un défendeur en paisible jouissance de ses droits. Ainsi sera supprimé un moyen de persécution violente à la portée de toute personne mal intentionnée, persécution qui tend de jour en jour à se multiplier de manière à inspirer de la terreur à l'homme même le plus étranger aux affaires litigieuses.

Un procédurier reçoit quelques cents francs d'un demandeur à bout de ressources : il en débourse une partie pour engager l'instance, il garde le surplus pour ses honoraires et il abandonne le procès, en disant fièrement au pauvre défendeur : « Tire-toi comme tu pourras. » Si un mandataire légal n'est pas responsable d'une telle procédure et de tels procédés, pourquoi ne pas rayer l'article 1382, C. c., qui dispose que celui qui porte préjudice s'oblige à le réparer ?

XII. A l'appel des causes à l'audience, celui qui répondra comme mandataire devra produire à l'instant la procuration du client.

Il y a en effet des hommes d'affaires qui répondent trop vite, et qui forcent ainsi le choix des clients.

XIII. Toute exception d'incompétence sera jugée dans le plus bref délai possible.

Une exception d'incompétence est ordinairement un moyen dilatoire au profit d'un défendeur de mauvaise foi, ou d'une situation dont le déclin est un juste motif de vigilance pour le demandeur.

XIV. Dans les actions au possessoire et au pétitoire, la procédure et le jugement devront tout d'abord fixer la nature de l'action pour qu'il n'y ait pas confusion, ni empiétement de juridiction.

L'action au possessoire et l'action au pétitoire confinent de si près, que souvent on n'en saisit pas bien la ligne de démarcation ; aussi les chicaneurs arrivent facilement à les confondre, à mettre la sagesse du tribunal en défaut, et parfois à créer des conflits de juridictions ruineux et interminables.

XV. Toute affaire portée au tribunal civil en violation de l'article 48, Pr. c., sera renvoyée en conciliation devant le juge de paix, et les frais seront à la charge de l'avoué poursuivant.

La conscience se révolte à bon droit, quand on voit très-souvent des hommes d'affaires violer la loi pour harponner un procès, et l'introduire subrepticement.

XVI. L'avoué qui présentera requête afin de saisir, ou pour assigner à bref délai, répondra dans un acte aussi grave des conséquences de toute affirmation aventurée. L'ordonnance, si elle lui est accordée, sera écrite par le greffier, si non par le magistrat, qui se réservera le droit de la retirer en cas de juste réclamation de la part du défendeur, comme cela se fait à Paris. Pourquoi cette mesure légale n'est-elle pas en vigueur et la même partout?

XVII. Le tribunal civil, et à plus forte raison le tribunal de commerce, admettra ou plutôt encouragera les parties à s'expédier elles-mêmes dans toutes les affaires où il n'y a que quelques renseignements à fournir aux juges. Quelquefois on invitera les jeunes avocats à se charger gratuitement de ces affaires, en souvenir de la gratuité des écoles de droit, et pour s'exercer déjà à rendre de véritables services à l'administration de la justice.

XVIII. Le tribunal commettra un de ses membres pour veiller à la procédure et à l'expédition des affaires. Ce magistrat, qui sera remplacé après un temps déterminé, signera, avant de se retirer, un état au greffe de tous les abus qu'il aura relevés, et ces abus donneront lieu à des peines suivant un règlement dressé à cette fin.

Comme on le voit, les tribunaux ont le droit et, nous osons dire, le devoir d'user largement des moyens exposés ci-dessus, pour prévenir et réprimer les abus de la procédure pratique, pour faire respecter la loi et protéger ainsi les justiciables. A tort ou à raison, on réclame beaucoup contre le Code de procédure civile, et pourtant le plus souvent, ce n'est pas la loi qui fait défaut, mais une bonne application de la loi ; et l'on peut affirmer que le moyen le plus efficace de dégager la loi de ses obscurités, de lui rendre toute sa force directrice, c'est de réagir énergiquement contre l'esprit de chicane, c'est de poursuivre sans relâche le chicaneur dans les abus de procédure, au fond bien plus nombreux, plus savamment combinés, plus volontairement criminels et plus habilement voilés qu'on ne saurait jamais le dire.

L.-A. MAURIN,

Arbitre conciliateur près le Tribunal de Commerce
et près le Tribunal civil de Nantes.

RUE DES ARTS, 4.

Consultations gratuites de midi à deux heures.

Il y a des associations dans toutes les branches du commerce et de l'industrie ; il y a des sociétés d'assurances contre l'incendie, contre la grêle, contre les épizooties et autres fléaux : pourquoi ne pas s'associer et se liguer contre ce fléau bien plus effrayant, qui s'appelle *la chicane?* Les moyens, quoique faciles en théorie, demandent sans doute beaucoup de dévouement ; mais le succès est assuré. Nous appelons ici de nombreuses signatures comme acheminement à l'association que nous avons en vue, et nous lui donnerons ensuite une organisation propre à dévoiler et à combattre les abus que nous avons signalés.

L.-A. M.

Nantes — Imp. et Lith. H. Bellanger et fils, rue Santeuil, 8. — 7,977.